키케로 노트

소통과 설득의 정치에 대하여

키케로 노트

수린재

일러두기

1. 이 책의 라틴어 원전은 퀸투스 툴리우스 키케로의 「COMMTARIOLUM PE-TITIONIS」이다. (Oxford Clarendom press 1953 : Epistulae vol.3)
2. 한국어 번역과 관련해서는, 프리스턴 대학 출판부에서 영역한 「How to win an election(2012)」 중, 영역자의 「서문」과 「번역의 말」 등을 제외하고 온전히 퀸투스 툴리우스 키케로의 저작 부분만을 완역했다.
3. 각주는 옮긴이가 여러 자료를 수집해서 달았다.

나의 형 마르쿠스에게

1

비록 당신은 타고난 능력과 많은 경험과 끊임없는 공부를 통해서 인간이 소유할 수 있는 거의 모든 재능을 지니고 있지만, 우리 형제의 우애에 기대어 당면한 선거에 대해 제가 밤낮으로 생각한 바를 말씀드리고 싶습니다. 당신은 사실 저의 충고 정도는 필요 없는 인물입니다. 그러나, 선거라는 것은 너무나 혼란스러운 일이어서 때로는 한 공간에다 논리적으로 정리해보는 것이 최선이기 때문에 이 글을 드립니다.

2

이 도시가 어떤 곳인지, 당신이 차지하고자 하는 지위가 과연 무엇인지, 당신은 누구인지, 항상 머릿속에 기억해두기 바랍니다. 매일 유세가 열리는 광장에 갈 때마다 스스로에게 말해야 합니다. "나는 신진인사[1]다. 나는 집정관[2]이 되기를 원한다. 여기는 로마다."

신진인사라는 당신의 신분에 대해서 누군가 어떤 비판을 가해도 당신은 탁월한 웅변으로 그 비판을 무디게 할 것입니다. 수사(修辭)는 언제나 최고의 가치를 지니기 때문입니다. 결국, 법정에서 전임 집정관[3]들을 훌륭하게 변호할 수 있는 능력을 가진 자가 사람들의 존경을 받게 되고, 그 자신이 집정관이 될 것입니다. 당신은 탁월한 소통의 능력을 가지고 있고, 또 그 방면으로 명성을 떨친 사람이기 때문에 발언을 할 때마다 그 한 번의 기회에 당신의 미래 전부가 걸려 있는 것처럼 전력을 다해야 할 것입니다.

3

 당신이 가지고 있는 많은 장점들을 차곡차곡 쌓아 유지하는 것이 무엇보다 중요합니다. 그러기 위해서는 데메트리우스[4]가 데모스데네스[5]의 연구와 실행에 대해 기록해놓은 것을 읽어보기 바랍니다. 신진인사 중에서 당신처럼 다양하고 많은 지지자를 확보하고 있는 사람은 거의 없다는 사실을 숙고하십시오. 기사계급[6]의 대부분과 징세청부인[7]들 모두가 당신 편입니다. 자치도시[8]들도 당신을 지지합니다. 법정에서 훌륭하게 변호해준 사회 각계각층의 다양한 고객들을 잊지 않기 바랍니다. 그리고, 당신을 지지하는 특수한 이해관계 그룹들도 잊으면 안 됩니다. 마지막으로, 당신을 존경하고 당신으로부터 배우기를 원하는 젊은이들과, 항상 옆에서 당신을 지켜봐주는 진실한 친구들을 선의로 활용할 수 있는 방안을 찾아야 합니다.

4

당신을 지지하는 그 모든 사람들의 선의를 유지시키기 위해 노력해야 합니다. 그것은 그 사람들에게 도움이 되는 충고를 당신이 들려주고, 또 그 보답으로 그들로부터 조언을 구하는 일련의 과정에서 얻어지는 것입니다. 지금이야말로 모든 호의가 필요한 때입니다. 당신에게 은혜를 입은 사람들이 당신을 지지함으로써 그 빚을 갚을 수 있다는 사실을 그들에게 상기시켜줄 기회를 놓치지 않아야 합니다. 당신에게 아무런 부채가 없는 사람들에게는 지금의 시기적절한 도움이 당신으로 하여금 그들에게 빚을 지게 된다는 것을 깨우치게 하십시오. 그리고, 신진 인사에게 크나큰 도움이 되는 것 한 가지는 귀족의 지지, 특히 전임 집정관들의 지지입니다. 당신의 편에 합류시키고자 하는 전임 집정관이나 귀족들이 당신을 그들과 어울릴만한 인물이라고 여기게 하는 것은 필수적인 일입니다.

5

그 귀족들과의 관계를 공들여서 발전시켜야 합니다. 당신과 당신의 참모들은 언제나 전통주의자였다고 그 귀족들에게 확신을 줄 수 있도록 일을 해야 합니다. 귀족들이 당신을 민중주의자라고 생각하게 해서는 안 됩니다. 당신이 어떤 문제에 대해서 대중의 편에 서는 것처럼 보이는 것은 폼페이우스[9]의 호의를 얻기 위해서이며, 그렇게 함으로써 그의 큰 영향력을 당신 편에 서게 할 수 있고, 아니면 적어도 그가 당신을 적대시하지 않게 하기 위해서라는 점을 귀족들에게 분명하게 말해야 합니다.

6

귀족 가문의 젊은이들을 당신의 편으로 끌어들이고 그들이 계속해서 당신을 지지하도록 노력해야 합니다. 선거에서 그들이 지지하는 모습을 보이는 것은 당신의 이미지를 좋게 하는데 큰 도움이 될 수 있습니다. 당신은 이미 그런 젊은이들의 지지를 많이 받고 있습니다. 그렇기 때문에 당신이 그 사실을 얼마나 감사하고 있는지 그 젊은이들이 알게 해야 합니다. 만일 당신의 편에 있는 사람들의 수를 넘어서는 지지를 얻어 승리할 수 있다면 그건 더 좋은 일입니다.

7

신진인사의 지위인 당신에게 도움이 될 수 있는 또 하나의 요소는 당신과 경쟁하는 귀족들이 질적인 면에서 당신보다 열등하다는 점입니다. 그 누구도 당신의 천부적인 재능보다 그 귀족들의 타고난 특권이 집정관으로서의 자질에 더 적합하다고 말할 수는 없습니다. 루시우스 카시우스나 퍼블리우스 갈바나 같은 애처로운 사람들이 설사 최고로 명예로운 가문의 출신이라고 해도 이 로마의 최고 지위에 도전한다면 믿을 사람이 있겠습니까? 가장 고귀한 가문의 출신이라고 해도 당신의 적수는 되지 못한다는 사실을 명확하게 알아야 합니다. 그들에게는 당신이 가진 능력이 없기 때문입니다.

8

당신은 이렇게 물을지도 모릅니다. 그럼 안토니우스[10]나 카틸리네[11]는? 그들은 강력한 적수가 아닌가? 그렇습니다. 그들은 강력한 경쟁자임에 틀림없습니다. 그러나, 그들 중 누구도 당신처럼 정력적이고, 열심히 일하고, 소문으로부터 자유롭고, 설득력이 뛰어나고, 대중으로부터 인기 있는 권력자는 없습니다. 당신은 그 두 사람과 경쟁하게 된 것에 대해 감사해야 합니다. 그들은 어린 시절부터 잔인한 성품을 보여 왔고, 지금도 엽색가에다 돈을 헤프게 쓰는 사람으로 소문이 나 있습니다. 안토니우스의 경우를 생각해보십시오. 그는 빚 때문에 자신의 전 재산을 몰수당했으며, 로마 법정에서 그리스인과 다툴 수 없다고 재판을 기피한 일도 있습니다. 그 후 검열관들의 세밀한 조사 끝에 그가 원로원에서 어떻게 쫓겨났는지 기억하기 바랍니다. 그리고 그가 법무관에 출마했을 때 겨우 사비디우스와 판데라 정도만 자기편에 서게 할 수 있었다는 사실을 잊지 않기 바랍니다. 그때, 법무관에 선출되고 난 후 공공연하게 시장으로 가서 성노예로 쓸 여자를 샀던, 불명예스러운 일도 저질렀습니다. 마지막으로, 집정관 후보로서 로마에 머물면서 유권자를 만나는 대신, 외국으로 가서 영빈관들의 물건을 약탈한 최근의 일은 아마 그 누구도 잊지 않을 것입니다.

9

카틸리네는 어떻습니까? 신들은 어째서 그에게 명성을 주었는지 모르겠습니다. 그의 혈통은 안토니우스보다 못합니다. 그러나, 안토니우스보다 용기는 있는 사람입니다. 안토니우스가 자신의 그림자에 놀라 떨고 있을 때도 그는 아무것도 두려워하지 않았습니다. 심지어 법도 두려워하지 않았습니다. 카틸리네는 보잘것없는 집안에서 태어났고 하나 밖에 없는 누이와 함께 방탕하게 자랐습니다. 그리고 술라[12]의 수하로서 로마 시민들과 기사들을 죽이는데 첫 번째로 자신의 손에 피를 묻혔습니다. 그가 티니니와 난니와 타누시의 머리를 자른 갈리아의 죽음의 분대와 연관이 있다는 혐의를 받았다는 사실을 당신도 기억할 것입니다. 심지어 그때, 그는 정치와는 거리를 두고 있었던 모범적인 로마의 기사이자 덕망 있는 노인인 자기의 매부 퀸투스 캐킬리우스까지 살해했습니다.

10

이번 선거에서 당신의 가장 강력한 적인 카틸리네는 몽둥이를 들고 로마시민들로부터 인기를 얻고 있는 가련한 마르쿠스 마리우스(13)를 때렸습니다. 카틸리네는 만인이 지켜보는 가운데, 마리우스를 길거리에서 어느 무덤까지 쫓아갔고 거기에서 마리우스를 잔혹하게 고문했습니다. 그때까지 숨이 붙어 있던 마리우스의 머리채를 왼손으로 잡고 오른손으로 참수를 했습니다. 그리고는 끊어진 마리우스의 머리를 멀리 던졌습니다. 손가락 사이로 마리우스의 피를 뚝뚝 흘리면서. 그 후, 카틸리네는 배우들과 검투사들의 친구가 −상상이 됩니까?− 되었습니다. 그는 배우들과 어울리면서 방탕한 삶을 살았고, 검투사들은 그가 저지른 모든 범죄에 청부업자로 이용했습니다. 그는 자신의 친구들이 너무나 비루한 짓이라고 거부할 때조차도, 성인들의 유골을 모신 성지에서 물건을 훔치는 기회를 결코 놓치지 않았습니다. 그는 친구들도 최악의 인물들만 골라서 사귀었습니다. 원로원에서는 큐리우스와 아니우스가 그의 친구였고, 경매장에서는 사팔라와 카빌리우스였고, 사업가 중에서는 폼필리우스와 베티우스, 두 사람과 친교를 맺었습니다. 그는 너무 파렴치하고, 너무 사악하고, 너무 교활해서 그 부모의 품에 서조차 어린아이들을 상대로 음탕하게 지분거렸습니다. 그가 아프리카에서 저지른 일은 당신에게 상기시킬 필요조차 있을지 모르겠습니다. 그것은 기소장에 빠짐없이 기록되어 있으니까 반드시 시간을 내어 면밀하게 살펴보아야 할 것입니다. 또, 그가 많은 재판 과정에서도 막대한 뇌물로 재판관을 매수했기 때문에 법정에서 나올 때 뇌물을 받기 전의 재판관처럼 빈털터리가 된 일도 적지 않았다는 말씀을 드립니다. 실제로 그는 매일 새로운 죄목으로 법정으로 불려갑니다. 그는 뭐라고 단정할 수 없는 유형의 사람이기 때문에, 사람들은 그가 문제를 일으킬 때보다 아무것도 하지 않고 있을 때가 더 두렵다고 합니다.

11

지금 당신이 대적하고 있는 인물보다 더 특이한 두 사람의 경쟁자와 겨루었던 30년 전의 신진인사, 가이우스 코엘리우스 (14)보다 당신은 집정관에 당선될 확률이 더 많습니다. 코엘리우스가 상대했던 그 두 사람은 훌륭한 가문 출신이었고, 그들의 능력은 출중했습니다. 그들은 위대한 통합력과 지성을 갖추었고 겸손했으며, 로마를 위해 주목할 만한 업적을 남겼습니다. 그 두 사람은 모두 치밀하고도 원숙하게 선거운동을 했습니다. 그러나, 코엘리우스는 혈통도 그들보다 열등했고 어떤 면으로도 그들보다 나은 점이 없었지만, 집정관 선거에서 그 중 한사람을 물리쳤습니다. (15)

12

그러므로, 당신이 인생에서 배운 모든 것들과 당신의 타고난 재능을 사용한다면, 실수만 하지 않는다면, 그 혈통보다 죄업이 더 두드러지는 안토니우스와 카틸리네를 이기는 것은 어렵지 않을 것입니다. 공화정 로마를 위한다면, 그 유혈이 낭자한 위험인물 두 명에게 기꺼이 한 표를 행사할 만큼 비열한 로마 시민을 찾기란 쉽지 않을 것입니다.

13

당신의 능력에 대해서, 또 신진인사라는 약점을 어떻게 극복해야 하는지에 관해서는 이미 논의를 했기 때문에 이제 선거운동을 어떻게 이끌어나가야 하는지에 대한 세부사항을 말씀드리고자 합니다. 당신은 집정관이 되기를 원하고 누구나 당신이 그 일을 맡을 자격이 있다고 말합니다. 그러나, 시기하는 사람들 역시 많습니다. 귀족 출신이 아닌데도 이 나라 최고의 자리에 앉고자 하기 때문입니다. 그 자리에 앉는다는 것은 당신이 탁월한 인물이라는 점을 의미합니다. 용기 있고, 설득력이 뛰어나며, 다른 사람들과 다르게 나쁜 소문이 없는 사람이라는 점을 보여주는 것입니다. 집정관이 된다는 것의 영광스러움을 잘 아는 전임 집정관들은 당신에게 기꺼이 그 자리를 물려줄 것입니다. 자신의 선대에 집정관이 있었지만 정작 자신은 아직 집정관이 되지 못한 사람들은 당신을 질시하게 될 것입니다. 그들이 이미 당신과 진실한 친구가 되어 있다면 질시는 하지 않겠지만요. 신진인사로서 당신에게 신세를 졌던 사람들은 그렇지 않겠지만, 법무관의 자리에는 당신보다 먼저 올랐지만 집정관은 되지 못한 사람들은 더 강한 질투심을 느낄 것입니다.

14

 당신을 경멸하는 사람이 많이 있다는 것을 저는 잘 알고 있습니다. 최근의 혼란스러웠던 몇 년의 시간을 겪으면서, 다수의 유권자들은 신진인사를 뽑는 모험을 주저할 것입니다. 법정에서 당신이 변호한 의뢰인과 적대적인 관계에 있었다는 이유로 당신을 증오하는 사람들도 많을 것입니다. 그리고 당신이 그토록 열성적으로 폼페이우스를 지지했다는 이유로, 겉으로는 친구로 지내지만 마음속으로는 당신을 증오하는 사람들을 면밀하게 살펴야 합니다.

15

거칠게 말씀드리자면, 당신은 로마에서 가장 중요한 직책에 오르고자 하기 때문에, 또 잠재적인 적이 너무나 많기 때문에, 어떤 조그만 실수도 용납되지 않습니다. 그렇기 때문에 지극히 사려 깊고, 근면하고, 조심스럽게, 결점 없는 선거운동을 실행해 나가야 합니다.

16

　공직에 출마해서 선거운동을 한다는 것은 두 가지 활동으로 나누어 볼 수 있습니다. 하나는 친구들의 지지를 확보하는 것이고 또 하나는 일반적인 대중을 자기편으로 끌어들이는 것입니다. 당신은 친절함과 호의, 오랜 관계, 언제든지 남에게 도움을 줄 수 있는 능력, 선천적인 매력 등으로 친구들의 선의를 얻을 수 있습니다. 그러나, 선거에서는 일상생활에서보다 더 넓은 의미의 우정을 생각할 필요가 있습니다. 후보자의 입장에서, 당신에게 선의를 보이는 사람이면 누구나 당신의 친구이고, 또 당신을 지지하는 사람들과 교제하고 싶어 하는 누구나 당신의 친구입니다. 그러나, 넓은 의미의 친구들에게 신경을 집중한 나머지, 가족 간의 결속이나 사회적인 유대에 의해 지속해온 전통적 의미에서의 진정한 친구들을 소홀히 하는 일이 있어서는 안 됩니다. 그들과의 우정은 정성스럽게 지속시켜나가야 합니다.

17

당신의 가족들과, 당신과 긴밀한 관계에 있는 사람들을 소홀히 대해서는 안 됩니다. 그들 모두가 당신의 버팀목이며 당신이 성공하기를 바라고 있다는 것을 유념하십시오. 그들 중에는 바로 당신의 친족들, 이웃들, 의뢰인들, 전에 당신의 노예였던 사람들, 심지어 지금의 하인들까지 포함되어 있습니다. 대중에게 퍼지는 악의적인 소문의 대부분은 거의 모두 이 가족들과 친구들로부터 시작됩니다.

18

다양한 계층으로부터 지지자를 확보하기 위해서 부지런하게 선거운동을 해야 합니다. 그 다양한 계층 중에서도 뛰어난 평판을 듣는 사람들이 가장 중요합니다. 왜냐하면 설사 그들이 실제로는 당신을 지지하지 않는다고 해도, 그들과 당신이 연결되어 있다는 사실만으로도 당신에게는 무게감이 실리기 때문입니다. 집정관을 지낸 사람들과 호민관(16)들을 포함한 전직 관료들을 당신 편으로 끌어들이기 위해 노력해야 합니다. 그들이 당신 편에 있다는 것은 당신이 고위직에 어울리는 사람이라는 인상을 주기 때문입니다. 각 부족과 백인대(17)에서 큰 영향력을 가진 사람이라면 그 누구와도 친교를 맺고, 그들이 당신의 편에서 일할 수 있도록 노력해야 합니다. 최근에는 야심이 있는 사람들은 모두 자기 지역민들에게 영향력을 가지려고 애를 씁니다. 그리고, 그들은 어떤 대가를 치르더라도 지역민들이 자신을 진지하고 열성적으로 지지하도록 이끕니다.

19

만일 사람들이 당신에게 충분히 고마움을 느끼고 있다면 -아마 그럴 것이라고 저는 확신하고 있습니다- 그들은 당신을 지지할 것입니다. 지난 2년 동안 당신은 핵심적인 4개 기관의 지지를 얻고자 부지런히 애썼습니다. 그 4개 기관을 이끄는 사람은 가이우스 푼다니우스, 퀸투스 갈리우스, 가이우스 코르넬리우스, 가이우스 옥시비우스 등입니다. 그들은 모두 이번 선거의 승리에 지대한 중요성을 지닌 사람들입니다. 이 네 사람의 회합에 저도 참여했기 때문에, 그들이 당신을 지지하기로 동의한 것은 자신들의 이해와도 맞아떨어진다는 것을 저는 알고 있습니다. 이제는 그들을 자주 만나 요청하고, 보증하고, 조언하고, 격려함으로써 차근차근 관계를 다져나갈 때입니다. 이번 선거에 당신이 그들에게 정치적 빚을 짐으로써, 장차 당신이 그들을 은인으로 여기게 할 기회라는 점을, 다시 한 번 그들에게 말해야 합니다.

20

 법정에서 훌륭하게 변호를 해주어서 당신에게 호의와 함께 부채의식을 가지고 있는 사람들도 기억해야 합니다. 그 각각의 사람에게 당신이 기대하고 있는 점을 명확하게 말해주어야 합니다. 전에는 당신이 그들에게 아무것도 바라지 않았지만, 이제는 그들이 당신의 선의를 선의로 갚아야 할 때라는 것을 상기시키십시오.

21

선거에서 투표를 결정짓는 것은 세 가지입니다. 호의, 기대, 개인적 친분입니다. 사람들에게 이 세 가지를 유발하는 선거운동을 해야 합니다.

중립적인 유권자들에게 작은 호의라도 베풀어서 그들을 당신 편으로 끌어들임으로써 선거에서 이길 수 있습니다. 당신이 지금까지 많은 도움을 준 사람들에게는, 그들이 이번에 당신을 돕지 않는다면 배은망덕한 사람으로 대중에게 알려진다는 것을 깨닫게 해야 합니다. 그러나, 만일 이번 선거에 그들이 도움을 준다면 당신이 그들로부터 빚을 지게 되는 것이라고, 몸소 그들에게 가서 말해주어야 합니다.

22

당신에게 헌신적이고 열성적인, 또한 당신도 이번 선거에서 지지층으로 기대를 걸고 있는 사람들에게는, 언제라도 그들을 도울 마음이 당신에게 있다는 점을 믿게 해야 합니다. 그들의 충성심을 당신이 얼마나 고맙게 생각하는지를 그들이 알게 해야 하고, 그들 개개인이 당신을 위해 하는 일을 당신이 명확하게 인지하고 있고, 또 너무나 감사하게 생각하고 있다는 점을 그들이 알게 해야 합니다.

23

 당신을 지지하는 세 번째 그룹의 사람들은 개인적인 애정으로 당신에게 선의를 보이는 사람들인데 그들은 자기들이 오늘의 당신을 만들었다고 믿고 있습니다. 그들 각각이 처한 처지에 맞는 메시지를 채택하고 그들의 선의에 대한 보답으로 당신도 그들에게 충분한 선의를 보여줌으로써 그들의 지지를 고무해야 합니다. 선거에서 그들이 열심히 노력하면 할수록 당신과 그들과의 결속은 더 강해진다는 것을 보여주어야 합니다. 이 세 번째 그룹의 사람들에게는 그들이 선거에서 당신을 어떻게 도울 수 있는지 결심을 시켜야 하며, 그들로부터 당신이 얼마만큼을 요구할 수 있는지 잘 헤아려서 각각의 사람들에게 부합하는 배려를 보여야 합니다.

24

어떤 마을에도, 어떤 이웃 중에도, 권력을 행사하는 핵심인물들이 있습니다. 그들은 보통 근면하고 부유한데, 비록 이전에는 당신을 지지하지 않았다하더라도 당신이 자신들에게 쓸모 있게 보인다거나 당신의 덕을 볼 수 있다고 느낀다면, 당신은 그들을 지지자로 설득시킬 수 있습니다. 그들과의 관계를 진전시켜 나갈 때 그들이 확실히 알게 해야 할 것이 있습니다. 첫째, 그들로부터 기대하는 것이 무엇인지 당신은 알고 있다는 점. 둘째, 그들이 당신을 위해 한 일을 당신이 인지하고 있다는 점. 셋째, 그들이 당신을 위해 한 일을 잊지 않으리라는 점. 이 세 가지입니다. 그러나, 이 사람들 중에서 중요 인물로 보이지만 사실상 그 세계에서 인기도 없고 실질적인 권력도 없는 사람은 확실하게 구별해야 합니다. 어떤 조직에서건 유용한 사람과 쓸모없는 사람을 구분하는 것은, 시간적으로 또 사람의 관계에서 생길 수 있는 쓸데없는 낭비를 막아줄 것입니다.

25

이미 확고하게 우정을 유지하고 있는 친구들이 이번 집정관 선거에서 큰 도움이 될 것이지만, 선거운동 기간 중에 구축한 우정들도 매우 유용할 것입니다. 공직에 출마한다는 것은 참 피곤한 일이기도 한 반면, 평소 일상생활에서 당신이 좀처럼 접할 기회가 없는 유형의 사람들과도 만나고 알게 되는 이점이 있기도 합니다. 이 이점을 취하지 않는다면 사실상 바보 같은 사람이 되는 것입니다. 점잖은 이들은 말도 붙이지 않을 그런 부류의 사람들과 선거기간 중에 열성을 가지고 또 부끄러움 없이 우정을 나눈다는 것은 완벽하게 경의를 표할 일입니다.

26

　당신의 경쟁자를 열렬히 지지하는 사람을 제외하고는, 누구나 당신 편이 되어 열심히 일하고 적절한 지지를 보낼 수 있습니다. 그러나 그것은 당신이 그의 지지를 존중해주고, 그를 위해서 당신이 무엇인가를 해줄 수 있고, 선거일을 지나서도 당신과 그의 관계가 지속되고 발전된다는 것을 그가 인정할 때에만 가능합니다.

27

저의 말을 믿기 바랍니다. 제정신을 가진 사람이라면 당신과 우정을 맺을 기회를 흘려보내지는 않을 것입니다. 특히, 당신의 경쟁자들은 누구나 친구가 되기를 원하는 그런 부류의 사람들이 아닙니다. 당신의 경쟁자들은 내가 당신에게 해준 충고를 가슴에 담으려 시도하지조차 못하는 사람들입니다.

28

안토니우스를 보십시오. 그 누구의 이름도 기억해둘 수 없는 사람이 어떻게 우정을 쌓아갈 수 있겠습니까? 자신을 지지할 사람이 누구인지도 모르는 후보자처럼 어리석은 사람이 또 어디 있겠습니까? 자기와 대화할 시간조차 가지지 않은 유권자들을 우군으로 끌어들이겠다는 생각은 거의 기적에 가까운 능력과 업적과 명성을 가진 사람만이 가능한 일일 것입니다. 지지자들을 위해 아무런 노력도 기울이지 않고, 지적인 능력이 결여되어 있고, 평판이 좋지 않고, 친구들도 없는 게으른 무뢰한은 다수의 지지를 받고 모두가 존경하는 인물에게 결코 이길 수가 없습니다. 모두가 존경하는 그 인물이 결정적인 실수를 저지르지 않는 한 말입니다.

29

그러므로, 다양한 계층의 사람들과 친교를 맺어 모든 유권자들로부터 지지를 얻을 수 있게 노력해야 합니다. 여기에는 원로원은 물론이고 로마의 기사계급들과 모든 계층에서 중요한 역할을 하는 사람들이 해당됩니다. 이 도시에는 영향력 있는 사람들이 다수 있습니다. 유세가 열리는 광장에 자주 출석하는 수많은 해방노예들도 거기 포함됩니다. 당신이 직접 하건 당신의 친구들을 통해서 하건 이들을 가능한 많이 당신의 선거운동에 끌어들여야 합니다. 그들과 대화하고, 동맹을 맺고, 그들이 당신에게 중요하다는 사실을 그들에게 보여주기 위해 가능한 모든 것을 행해야 합니다.

30

 그 다음에는 지역의 단체들과 변방의 구역 등 특별한 이해관계 그룹으로 주의를 기울여야 합니다. 이 그룹들의 지도자들과 친교를 맺는다면 그룹의 나머지 사람들은 큰 힘을 들이지 않고 당신의 지지자로 끌어들일 수 있습니다. 다음에는 각 부족이 속한 이탈리아 전역의 도시들로 당신의 노력과 사고를 기울여야 합니다. 이탈리아의 모든 자치도시들과 식민지와 총독령[18]들을 당신의 발판으로 확실히 구축해야 합니다.

31

마치 자신이 공직에 출마한 것처럼 어디서나 당신을 대신해서 선거운동을 해줄 사람들을 찾아야 합니다. 그들을 직접 방문하고, 대화하고, 그들과 친숙해져야 합니다. 그들이 이해할 수 있는 언어를 구사해서, 어떤 일이건 당신을 위해서 최선을 다할 수 있도록 그들의 충성심을 강화시켜야 합니다. 당신이 그들과 혼연일체가 되기를 원한다는 것을 알게 된다면 그들은 기꺼이 당신과 친구가 될 것입니다. 소도시의 사람들과 시골사람들은, 당신이 자신들의 이름을 알려고 애쓰는 것을 보고 기꺼이 당신의 친구가 될 것입니다. 그러나, 그들은 어리석지 않습니다. 그들은 자신들이 무엇인가 얻을 것이 있다고 믿을 때 당신을 지지할 것입니다. 얻을 것이 있을 때 그들은 당신을 도울 기회를 흘려보내지 않을 것입니다. 다른 사람들은, 특히 당신의 경쟁자들은 그런 사람들과의 친교를 발전시키려고 애쓰지 않을 사람들입니다. 당신이 조급하게 생각하지 않는다면, 그런 소도시와 시골사람들이야말로 친구로서, 동맹자로서 더욱 더 귀중한 사람들입니다.

32

그러나, 어떤 계층의 사람이건 단지 그들의 이름을 불러주고 피상적인 우정만 나누는 것으로는 충분하지 않습니다. 실제로 그들의 친구가 되어야 합니다. 당신을 친구로 믿을 때, 어떤 조직이라도 그 지도자들이 자신의 추종자들에게 당신을 위해 열심히 일하라고 독려할 것입니다. 당신을 지지하는 것이 자신들에게도 이익이 될 것임을 알기 때문입니다. 그렇게 해서 도시들에서, 이웃들에서, 부족들에서, 다양한 그룹들에서 당신의 모든 지지자들이 함께 일할 때 당신은 진실한 희망을 느끼게 될 것입니다.

33

 온건하고 부유한 시민들과 기사계급들을 대표하는 백인대에도 특별한 주의를 기울여야 합니다. 이 그룹들의 지도층과 사귀는 것은 그다지 힘든 일이 아닙니다. 지도층은 수적으로 많지 않기 때문이지요. 그들 대부분은 젊은이여서 나이가 들어 사고가 고착된 사람들보다 당신 편으로 끌어들이기도 보다 쉽습니다. 그렇게 하고 나면 로마에서 가장 훌륭하고 똑똑한 사람들을 당신 편에 두게 되는 것입니다. 그 그룹 전체의 이익을 위해 봉사하고 그룹 지도층과 우정을 구축함으로써 그 사람들의 표를 확보하게 될 것입니다. 당신도 기사계급 출신이라는 사실은 크나큰 도움이 될 것입니다. 열정적이고 활동적인 젊은이들이 당신의 편에 서서 유권자들을 설득하고, 지지자를 포섭하고, 소문을 퍼뜨리고, 당신의 인상을 좋게 한다는 것은 선거운동에서 어마어마한 도움이 됩니다.

34

 이제까지는 지지자들을 분류해서 언급을 했기 때문에, 이제는 당신의 주위 인사들도 넓고 다양해야 한다는 말씀을 드리고 싶습니다. 유권자들은 양적인 측면에서도 또 질적인 측면에서도 당신이 이끌고 있는 인사들의 면면을 보고 당신을 판단합니다. 주위 인사에는 세 가지 그룹이 있습니다. 주로 당신의 집으로 찾아와서 인사하는 사람들, 당신이 유세가 열리는 광장에 갈 때 수행하는 사람들, 당신이 어딜 가든 뒤따르는 사람들이 그들입니다.

35

집으로 찾아와서 인사하는 첫 번째 그룹의 경우, 최소한으로 믿음이 가는 사람들입니다. 왜냐하면 많은 사람들은 한 후보자의 집만 방문하지는 않기 때문입니다. 그렇지만, 그들이 당신을 찾아주어서 기쁘다는 것을 확실히 표현해야 합니다. 그들을 만날 때마다 감사의 말을 전하고, 그들의 친구에게도 당신이 그들의 존재를 인지하고 있다는 점을 말해야 합니다. 그 친구들이 당신의 말을 그들에게 전해줄 것이기 때문입니다. 그 사람들이 비록 여러 후보자의 집을 찾아다닌다고 해도 당신이 그들에게 특별한 주의를 기울여준다면 그들을 확실한 당신의 지지자로 끌어들일 수 있습니다. 당신을 방문하는 사람 중의 하나가 겉으로 표하는 것과 다르게 당신을 지지하지 않는다는 말을 들었거나 혹은 그런 의심이 든다고 해도 내색을 하지 않아야 합니다. 만일 그가 그런 비난은 거짓이라고 설명하려고 한다면, 당신은 결코 그의 충성심을 의심해본 적이 없고 앞으로도 그런 일은 없을 것이라고 확신시켜야 합니다. 당신이 그를 진실한 친구로 신임한다고 그가 믿게 함으로써, 그가 정말 당신의 친구가 될 가능성이 더 높아집니다. 비록 선의에서 나온 것이라고 해도, 누군가 당신에게 일러바치는 고변을 모두 그대로 받아들이는 어리석음을 보이지 마십시오.

36

두 번째 그룹인 유세가 열리는 광장에 갈 때 수행하는 사람들에 대해서는, 매일 아침 당신의 집으로 오는 사람들보다 더 고맙게 생각하고 있다는 점을 그들이 알게 하십시오. 광장으로 갈 때는 매일 일정한 시간에 그곳으로 가도록 하십시오. 일정한 시간을 정하면 더 많은 사람이 그 시간에 당신을 수행하게 될 것이고, 그건 당신을 따르는 무리가 매우 많다는 것을 과시할 수 있기 때문입니다. 그 행위는 대중에게 당신에 대한 강력한 인상을 남기게 될 것입니다.

37

세 번째 그룹인 하루 종일 당신을 뒤따르는 사람들 중에서, 자발적으로 당신을 따르는 사람들에 대해서는 말할 수 없이 감사하게 여긴다는 점을 확고하게 인식시켜야 합니다. 당신에게 입은 은혜를 갚기 위해 의무적으로 당신을 따르는 사람들에 대해서는, 나이가 너무 많아 기력이 없거나 특별히 중요한 업무에 종사하는 사람을 제외하고는 매일 당신을 뒤따라야 한다고 강력하게 요구해야 합니다. 만일 그 사람이 매일 당신을 뒤따를 수 없다면 친척을 대신 보내 자리를 메우게 해야 합니다. 언제나 당신을 따르는 헌신적인 대규모의 추종자를 보유하고 있다는 사실은 선거의 성패를 가를 정도로 지극히 중요한 것입니다.

38

의무적으로 당신을 따르는 그룹의 일부는 당신이 소송에서 성공적으로 변론해준 사람들입니다. 이 사람들은 재산이나 명성, 어떤 경우에는 그들의 삶을 보존하는데 당신에게 빚을 진 사람들입니다. 그러니 그들이 당신 편에 서야 한다고 확실하게 요구하십시오. 당신에게 진 빚을 갚을 이런 기회가 다시없을 것이기 때문에, 그들은 당신을 추종하면서 그 빚을 확실히 갚을 것입니다.

39

그동안 우정에 관해서 너무 많은 말을 했기 때문에, 이제는 주의해야 할 점에 대해 말해야 하겠습니다. 정치는 배신과 변절과 속임수로 가득한 세계입니다. 나는 거짓 친구와 진실한 친구를 구별하는 긴 논의를 하려는 것이 아니고, 그저 간단한 충고를 드리려고 합니다. 당신의 우월한 자질 때문에 마음속으로 당신을 질투하면서 겉으로는 친구인 체 하는 사람들도 다수 있습니다. 에피카르무스[19]의 격언을 잊지 말아야 합니다. "사람들을 너무 쉽게 믿지 말라."

40

 진실한 친구가 어떤 사람들인지 한번 정리해보았으니, 이제 당신의 적에 대해서도 같은 방식을 적용시켜 보도록 하지요. 당신과 대척할 사람들에는 세 가지 그룹이 있습니다. 당신이 손해를 끼친 사람들, 타당한 이유 없이 당신을 싫어하는 사람들, 당신의 적과 가까운 친구로 지내는 사람들입니다. 당신이 손해를 끼친 사람들은 모두 당신이 친구를 변호하기 어쩔 수 없이 피해를 입힌 사람들입니다. 그 사람들에게는 정중하게 사과하는 자세로 말하십시오. 당신의 친구를 변호하기 위해 그에게 손해를 끼쳤을 뿐이라고 말하십시오. 그도 만일 당신의 친구가 된다면 당신은 기꺼이 그를 위해, 친구를 위해서 했던 일을 똑같이 할 것이라고 말하십시오. 타당한 이유도 없이 당신을 싫어하는 사람들에게는 친절하게 대하거나, 그들이 좋아하는 것을 해보이거나, 그들에게 관심을 보이거나 하는 방법으로 당신 편으로 끌어들이도록 해보십시오. 마지막 그룹인 당신 경쟁자의 친구들에 대해서도 두 번째 그룹에게 구사했던 똑같은 방법을 실행하십시오. 비록 적이지만 당신이 먼저 선행을 베풀어 보이면서, 호의를 얻어야 합니다.

41

지금까지 정치를 하는데 필요한 우정에 대해서 충분히 말씀을 드렸기 때문에, 이제 전체 유권자들에게 좋은 인상을 주는 데 대해 초점을 맞춰 말씀드리겠습니다. 좋은 인상을 주기 위해서는 사람들과 잘 알고 지내야 하고, 관대하고 품위 있는 사람이 되어야 하고, 당신 자신을 홍보해야 하고, 쓸모 있는 사람이어야 하고, 마지막으로 결코 포기하지 않는 사람이어야 합니다.

42

평범한 유권자들에게 있어서 후보자가 자기를 기억해주는 것만큼 좋은 인상을 남기는 일은 없습니다. 그렇기 때문에 매일 유권자들의 얼굴과 이름을 기억하기 위해 열심히 노력해야 합니다.

자, 형제여, 당신에게는 훌륭한 자질이 많습니다. 그러나 당신에게 부족한 것은 반드시 채워서, 훌륭한 자질을 타고난 것처럼 꾸며야 합니다. 당신은 탁월한 행동거지를 보이고 항상 신중하지만, 때때로 지나치게 경직되어 있을 때가 있습니다. 그래서, 당신은 필사적으로 아첨하는 기술을 배울 필요가 있습니다. 일상생활에서는 불명예스러운 것이지만 공직에 출마한 사람에게는 필수적인 것입니다. 당신이 어떤 사람을 매수하기 위해 아첨을 한다면 그건 변명의 여지가 없는 것이지만 정치적으로 친구를 사귀기 위한 방편으로 호감을 주기 위해 아첨을 했다면 그건 용인되는 것입니다. 후보자는 카멜레온과 같아야 합니다. 후보자가 만나는 각각의 사람에게 적합한 표현과 연설을 그 상황에 맞게 바꾸면서 적용해야 하는 것입니다.

43

로마를 떠나서는 안 됩니다! 주도면밀하다는 것은 지금, 여기에서, 쉬지 않고 노력하는 것이고, 당신이 반드시 해야 하는 게 바로 그것입니다. 선거운동 기간 중에는 휴가를 즐길 시간이 없습니다. 이 도시에 있어야 하고, 광장에 있어야 하고, 유권자와 함께 쉬지 않고 대화를 해야 하고, 그 대화를 다음날도 또 그 다음날도 계속해서 이어나가야 합니다. 그 어떤 사람도 당신을 불성실하다고 말하게 내버려두지 마십시오. 선거기간 중 끊임없이 주목받도록 하십시오.

44

 대부분의 유권자들에게 직접적인 영향을 미치는 것은 아니라 해도, 후보자는 관대함이라는 자질도 지녀야 합니다. 사람들은 당신이 친구들에게 연회를 베푸는 관대하고 좋은 사람이라는 말을 들으면 좋아합니다. 그러므로, 당신과 당신의 측근은 각 그룹의 지도자들에게 반드시 연회를 자주 열어주어야 합니다. 관대함을 보여줄 수 있는 또 다른 방법은 당신을 필요로 하는 사람에게 밤낮을 가리지 않고 시간을 내주는 것입니다. 물론 집은 언제나 개방되어 있어야 하고, 상대를 맞는 표정과 말투도 열려 있는 모습을 보여야 합니다. 표정과 말투는 당신 영혼의 창이기 때문입니다. 만일 사람들과 대화할 때에 폐쇄적이고 집중하지 않는 모습을 보인다면 당신 집의 대문이 아무리 활짝 열려 있어도 아무 소용이 없게 될 것입니다. 사람들은 후보자로부터 단지 언질을 받기 원하는 것이 아니라 자신들에게 귀기울이고 예의바르게 대접해주기를 원하는 것입니다.

45

당신이 무엇을 하건 자유롭게, 열의를 가지고 해야 합니다. 때때로 당신이 보통 사람들보다 더 힘들게 해야 하는 일도 있습니다. 특히, 당신처럼 훌륭한 성품을 지니고 있는 사람은, 누군가가 자기를 위해 무언가를 해달라고 요청했을 때 정중하게 거절하는 것이 보통 사람들보다 더 힘든 일입니다. 다른 정치적 후보자들처럼 무슨 부탁이건 항상 들어주는 선택을 할 수도 있습니다. 그러나, 누군가가 당신에게 친구의 반대쪽에 편들라는 등의 불가능한 일을 부탁했을 때, 당신은 당연하고 명예롭게 그 일을 거절해야 합니다. 당신과 친구와의 약속을 설명하고, 요청을 받아들일 수 없음을 유감으로 생각한다고 말하고, 다른 방식으로 그의 부탁을 벌충하겠다고 약속해야 합니다.

46

 그러나, 거절은 그런 극단적인 경우에만 명확하게 표해야 합니다. 언젠가 나는 한 남자의 이야기를 들은 적이 있습니다. 그가 자기의 소송을 맡아달라고 여러 명의 변호사들에게 부탁했는데, 소송을 맡아주겠다고 승낙한 변호사보다 친절한 말로 예의를 지켜 거절한 변호사에게서 더 좋은 기분을 느꼈다고 합니다. 철학자 플라톤을 추종하는 당신 같은 사람들은 그렇지 않지만, 보통 사람들은 내용보다 형식에 의해서 더 감동받는다는 것을 이 이야기는 보여줍니다. 지금 저는 당신에게 공직의 후보자로서 들어야 할 것을 말씀드리고 있습니다. 만일 당신이 어떤 사람의 청을 거절하고 돌려보낼 때 친구와의 개인적인 약속 때문에 어쩔 수 없다고 꾸며서라도 말하면 아마 그 사람은 당신에게 화를 내지 않고 사무실을 나갈 수 있을 겁니다. 그러나, 만일 당신이 너무 바쁘고 더 중요한 일이 있어서 시간을 낼 수 없다고 말한다면 아마 그는 당신을 증오하게 될 것입니다. 사람들은 면전에서 대놓고 거절을 당하는 것보다 친절한 거짓말로 거절을 당하는 편을 더 좋아할 것입니다.

47

선거운동의 달인이라고 알려진 코타[20]를 기억하십시오. 명백하게 짐이 되어 그의 앞길을 방해하는 게 아니라면 그는 누구에게나 무슨 약속이든지 했습니다. 그리고, 그 약속을 지키는 것이 그에게 이익이 될 때만 지켰습니다. 그는 누구에게나 좀처럼 거절을 하지 않았습니다. 그 이유를 그는 이렇게 말했습니다. 그가 돕겠다고 약속한 사람이 나중에는 실제로 그의 도움이 별로 필요 없게 되는 경우가 종종 생길 수 있고, 혹은 그가 도와야 하겠다고 생각한 것 이상으로 나중에 자기가 더 도움을 줄 수 있는 상황도 될 수 있기 때문에 미리 거절을 하지 않는다고 말입니다. 결국, 정치인이 확실하게 지킬 수 있는 것만 약속한다면, 그는 옆에 많은 친구를 두지 못할 것입니다. 당신이 예상하지 못한 사건들은 언제나 일어나기 마련이고, 혹은 당신이 기대한 사건들은 일어나지 않기 마련입니다. 지키지 못한 약속은 변화하는 주위여건 속에서 자주 잊혀지고, 당신을 향한 분노도 최소한으로 작아질 것입니다.

48

만일 당신이 약속을 깨트린다면 과연 어떤 결과가 초래될지 누구도 정확히 알 수 없고, 그 약속의 영향을 받게 되는 사람의 수도 제한적일 것입니다. 그러나, 만일 당신이 약속 자체를 거부한다면 그 결과가 확실할 것이고, 그 즉시 유권자의 다수는 분노하게 될 것입니다. 당신에게 도움을 요청하는 사람들 대다수는 실제로 그 도움이 필요하기보다는, 당신이 자기를 도울 의지가 있는가를 보기 위해서입니다. 그러므로 사람들이 원하는 약속을 거부해서 당신의 집 밖에 성난 군중이 모여드는 것보다는, 유세가 열리는 광장에서 청탁한 사람 몇 사람을 실망시키는 것이 낫습니다. 본래 사람들은 자신의 능력 안에서만 남을 도와주곤 하던 사람이 약속을 철회하는 것보다, 공공연하게 면전에서 거절하는 사람에게 더 분노를 느끼기 마련입니다.

49

지금 제가 약속에 관한 이야기를 계속해서, 대중을 자기편으로 끌어들이는 논의의 핵심을 벗어나고 있다고 생각하지 않기 바랍니다. 왜냐하면 약속은 친구들의 지지를 받는 데 관계되는 것만큼 광범위한 유권자들의 사이의 평판에 관계되는 일이기 때문입니다. 친구들은 약속이 필요할 때 당신에게 친절한 응대나 열렬한 보답을 원합니다. 그러나, 지금 제가 말하고 있는 것은 일반적인 대중의 경우입니다. 당신은 매일 아침 당신의 집을 지지자들로 가득 채울 수 있도록 이 유권자들을 당신 편으로 끌어들여야합니다. 그들을 보호해준다고 약속해서 그들을 붙잡고, 그들이 당신에게 올 때 보다 돌아갈 때 당신을 더 열렬히 지지해야 합니다. 그래야 더 많은 사람들이 당신에 대해 좋은 평판을 들을 것이기 때문입니다.

50

항상 여론을 염두에 두어야 합니다. 지금까지 저는 이 편지에서 그 점을 계속 말씀드렸습니다. 이번 선거에서 당신의 미덕을 가능한 한 많은 사람에게 널리 퍼뜨릴 수 있는 언어를 사용하는 것이 가장 중요합니다. 사업의 세계에서 지지를 받거나 대중과의 약정을 이행하는 사람들에 있어서 말하는 능력이 중요한 것과 마찬가지로 대중 연설가로서의 당신의 능력은 결정적으로 중요합니다. 귀족들과, 영특한 젊은이들과, 당신이 법정에서 변호해준 사람들과, 자치도시들의 지도자들의 지지를 받는 것이 필요하다는 말씀을 또 드려야 할까요? 이런 사람들의 지지를 받고 있다는 사실을 보고 사람들은 당신이 대인관계가 훌륭하고, 중요한 친구들을 많이 알고 있으며, 열심히 노력하는 후보자이고, 당신이 훌륭하고 관대한 사람이라고 생각하게 됩니다. 이런 것들이 모여서 해가 뜨기도 전에 당신의 집이 모든 계층의 지지자로 가득 차게 될 것입니다. 그 지지자들을 기쁘게 하기 위해서 필요한 것이라면 당신은 무엇이라도 말해야 합니다. 그것은 선거에서 표를 끌어 모으기 위해 당신이 쉬지 않고 노력해야 하는 일입니다. 이런 노력을 계속하면, 단지 당신의 친구로부터 좋은 평판을 들은 사람들뿐이 아니라 더 많은 숫자의 보통 사람들도 당신 편으로 끌어들일 수 있습니다.

51

당신은 이미 로마의 군중들로부터 지지를 받고 있고, 폼페이우스에 대한 당신의 찬양과 그의 수하 인물인 마닐리우스[21]와 코르넬리우스[22]에 대한 변호에 감명을 받은 사람들로부터 지지를 받고 있습니다. 이제 당신은 이전에 아무도 하지 않았던 일을 해야 하고, 대중의 인기 위에 귀족의 지지를 더해서 얹어 놓아야 합니다. 그러나, 대중의 영웅인 폼페이우스를 위해 당신이 선의를 행해왔다는 것과 당신이 집정관이 되면 폼페이우스가 대단히 기뻐할 것이라는 점을 끊임없이 대중에게 상기시켜야 합니다.

52

 마지막으로, 로마 군중의 성향을 고려할 때 외모를 멋있게 연출할 필요가 있습니다. 위엄을 갖추면서도 군중들에게 인상적으로 보일 수 있게 화려한 색으로 자신을 꾸미십시오. 그러한 외모는 당신의 적들이 당신과 달리 악당과 같은 사람들이라는 점을 상기시키는데 도움이 될 것이고, 또 당신의 적들이 부패와 범죄와 성적 추문에 매번 연결되었다는 점도 다시금 생각나게 해서 그들을 깎아내릴 때에도 도움이 될 것입니다.

53

선거운동 중 가장 중요한 것은 당신이 사람들에게 희망을 주는 것과 사람들이 당신에게 호의의 감정을 느끼는 것입니다. 반면에, 당신은 특정한 서약을 사람들이나 원로원에 해서는 안 됩니다. 모호한 일반원칙을 고수하십시오. 원로원에게는 그들의 전통적인 권력과 특권을 유지시킬 것이라고 말하십시오. 기사 계급과 부유한 시민들에게는 당신이 안정과 평화를 위해 일할 것이라고 말하십시오. 일반 대중들에게는 그동안 법정에서 그들의 이익을 위해 변호해왔듯이 또 그동안 수많은 연설에서 말했듯이 당신은 언제나 그들의 편이라고 확신시키십시오.

54

이 모든 것들은 당신이 유세가 열리는 광장에 나가기 전 아침에 마음속으로 다짐하라고 내가 제안했던 두 가지를 떠올리게 합니다. "나는 신진인사다. 나는 집정관이 되기를 원한다." 이제 짧게 세 번째에 대해 말씀드리겠습니다. "여기는 로마다." 이 도시는 인간성의 시궁창이고, 기만과 음모와 모든 상상 가능한 악덕의 장소입니다. 당신이 향하는 어디에나 당신은 오만과 완고함과 악의와 자만심과 증오를 볼 수 있을 것입니다. 그러한 악의 소용돌이 한가운데에 우뚝 서십시오. 그것은 건전한 판단력을 지닌, 혼돈과 소문과 배신을 피할 수 있는 위대한 능력을 가진 뛰어난 사람이 된다는 것입니다. 행동을 통해서, 말을 통해서, 감정을 통해서, 스스로를 이 도시에 적응시키면서도 자신의 고결함을 유지할 수 있는 사람이 얼마나 되겠습니까?

55

 그런 혼돈스러운 세상에서, 당신은 자신이 선택한 웅변가의 길을 고수해야 합니다. 로마 사람들을 당신에게 끌어들이고 당신 편에 서게 하는 당신의 연설 능력은 감히 상대가 없습니다. 당신의 적들은 아마도 당신의 지지자들을 포섭하기 위해 뇌물을 쓸 것입니다. 이런 일은 자주 있었습니다. 그러나, 그들의 그 부정행위에 대해 당신이 최고의 주의를 기울여 조사하고 있으며 그들 모두를 법정으로 소환할 것이라는 점을 그들이 알게 해야 합니다. 그들은 기사계급과 관계를 맺고 있는 당신의 영향력뿐 아니라, 당신의 집중력과 웅변술을 두려워할 것입니다.

56

경쟁자의 부패 행위를 실제로 법정으로까지 끌고 갈 필요는 없습니다. 다만, 기꺼이 그렇게 할 용의가 당신에게 있다는 점을 상대가 알게 하면 됩니다. 실제 소송보다 소송에 대한 두려움이 더 나은 법입니다. 그리고 제가 제기한, 상대방이 뇌물을 이용한다는 이야기를 듣고 낙담하지는 마십시오. 가장 타락한 선거에서도 돈으로 더럽히지 않은 손을 가진 후보자를 지지하는 유권자가 많다는 것을 저는 확신하고 있습니다.

57

그리하여, 당신이 이 선거의 의미에 대해서 깨어있는 정신을 가지고 있다면, 당신이 지지자들을 고무시키겠다면, 당신과 함께 일할 올바른 사람들을 택하고 싶다면, 당신의 경쟁자들이 저지르는 범죄에 대해서 위협을 가하고 싶다면, 경쟁자의 대리인들에게 공포를 안겨주십시오. 돈을 나누어주는 더러운 사람들에게 제재를 가하십시오. 그러면 그 뇌물 공여 행위를 극복할 수 있을 것입니다. 그게 아니라면 최소한 그 효과를 최소한으로 줄일 수 있습니다.

58

　형제여, 이제 당신에게 드려야 할 말은 다 했습니다. 제가 정치나 선거에 대해 당신보다 더 잘 알기 때문에 이 이야기를 적은 것이 아닙니다. 당신은 너무나 바쁘기에 이 간단한 법칙들을 제가 정리하는 게 더 쉽다고 생각했습니다. 물론, 제가 정리한 이 교훈들이 공직을 원하는 모든 사람에게 똑같이 적용된다는 말은 아닙니다. 여기 적은 내용은 오직 당신에게 적합한 것들입니다. 그러나, 만일 당신이 여기에 새로운 내용을 추가하거나 혹은 제안한다면, 선거에 관한 이 작은 책자는 완벽해질 것입니다.

주

(1) 선대에 로마의 고위직을 지낸 인물이 없는 지방 가문 출신 신인은 로마의 귀족 가문 출신보다 공직에서 불이익을 받았다. 특히 지방 가문 출신 인사가 집정관을 지내는 경우는 극히 드물었다. 여기서 '지방 가문'이라는 것은 그 뿌리가 토착 로마인이 아니라 로마의 정복사업 과정에 흡수된 다른 부족이나 다른 도시국가 출신임을 의미한다.
(2) 공화정이 시작된 BC 509년에 제정된 로마의 관직으로 '함께 걷는 사람들'이라는 의미가 있다. 공화정 시대 로마의 집정관은 실제적인 최고의 지위로 내정을 총책임지고 군통수권을 가졌다. 제정 시대 로마의 집정관은 황제 다음의 자리였다. 이 책에서 말하는 집정관은 공화정 로마의 집정관이다. 40세 이상이 되어야 출마할 수 있는 집정관은 2명이 선출되었고 임기는 1년이었으며 재선이 가능했다. 2인의 집정관은 상대방에 대해 서로 거부권을 행사할 수 있었기 때문에 2인의 집정관이 합의한 정책만이 시행될 수 있었다. 군대도 2인의 집정관에게 나누어서 배속시켰다. 전쟁이 발발하면 1인의 집정관은 자기에게 배속된 군대를 지휘해서 전선으로 투입되었고, 나머지 1인이 수도 로마의 방위와 내정을 맡았다. 전쟁의 규모가 커지면 2인의 집정관이 각자에게 배속된 군사를 이끌고 모두 전선에 투입되었다. 그때는 집정관의 바로 다음 관직인 법무관이 내정을 책임졌고 예비군 병사를 소집해서 로마의 방위를 맡았다. BC 367년에 호민관 리키니우스와 섹스티우스에 의해 제정된 개혁입법인 리키니우스-섹스티우스법에 따라 집정관 직이 평민에게도 개방되어서 형식적으로는 귀족과 평민, 누구나 집정관으로 출마할 수 있었지만 실제로 집정관 지위는 귀족에 의해 거의 독점되었다. 공화정 시대의 집정관 600인 중 귀족 출신이 아니었던 집정관은 15인에 불과했다.
(3) 임기를 마치면 전임 집정관이 되는데, 로마의 전임 집정관은 단순한 '전직(前職)'을 의미하는 것이 아니었다. 전쟁이 발발하면 집정관이 군대를 지휘해서 전쟁을 수행하는데, 그 전쟁이 집정관 임기 1년을 넘기면, 전쟁 지휘 중에 임기가 만료되었다고 지휘권을 박탈할 수 없기 때문에 집정관은 전임 집정관

이라는 관직으로 명칭을 변경해서 계속 군대를 지휘했다. 로마가 해외로 세력을 확장할 때는 전임 집정관이란 곧 해외 속주의 총독을 의미했고, 실제로 전임 집정관이나 전임 법무관만이 속주의 총독으로 임명될 수 있었다.

(4) Demetrius BC 350~BC 280, 아테네의 웅변가. 부드럽고 우아하고 고상한 웅변으로 데모스테네스와 비견될 만큼 명성을 떨쳤다.

(5) Demosthenes BC 384~BC 322, 아테네의 최고위직에 오른 정치가이자 웅변가. 키케로는 데모스테네스를 자신의 롤모델로 삼았다고 한다.

(6) 로마에서 귀족과 평민의 사이에 위치한 계급. 원래 기사계급의 기원은 중무장병으로 거슬러 올라가는데, 전투형태가 변화함에 따라 후대로 내려오면서 징세청부업, 대토지 소유, 상업 활동 등에 종사했다. 정치보다 재력에 관심을 두었지만 정치에 대한 큰 영향력을 가졌다.

(7) 경매 계약을 관장하고 세금 수집 등을 하는 사업가들. 급속히 부를 축척해서 공화정 로마에서 큰 권력을 행사했다.

(8) 로마제국에 귀속된 도시. 로마는 정복한 도시국가나 부족에 로마시민권을 주고 세금 징수나 행정 등 자치권을 인정하는 대신 감독관이나 감찰관 등을 파견했다. 자치도시는 로마에 대해 행정 등 제반 사항을 보고하는 의무를 이행해야 했다.

(9) Gnaeus Pompeius Magnus BC 106~BC 48, 공화정 로마 말기의 장군이자 정치가. 크라수스, 카이사르와 함께 삼두정치체제를 이끌었다. 후에, 카이사르와의 내전에서 패하고 이집트에서 사망했다.

(10) Gaius Antonius Hybrida 생몰연대 불명확, 로마의 명문가인 안토니우스가의 인물. 당대의 웅변가였던 마르쿠스 안토니우스의 동생으로 독재자 술라의 측근이었다. 그 때문에 원로원에서 BC 70년에 쫓겨났는데 4년 후인 BC 66년 법무관에 당선되도록 키케로가 그의 재기를 도왔다. 그러나, 이 책의 집필 목적이 되었던 BC 64년 집정관 선거에서 키케로를 배신하고 카틸리네와 제휴를 맺었다. 법무관 역시 로마의 고위 관직으로, 집정관 다음의 관직이다.

(11) Lucius Sergius Catiline BC108~BC62, 로마의 군인이자 정치가. 술라를 지지했다. 법무관을 지내고 집정관에 출마했으나 당선되지 못했다. 공화정 로마를 전복하려는 음모를 꾸몄으나 실패하고 키케로에게 처형당했다.

(12) Lucius Cornelius Sulla BC 138~BC 78, 로마의 장군이자 정치가. 뛰어난

군사적 재능으로 명성을 떨치고 집정관을 두 번 지낼 만큼 정치적 능력도 출중했다. BC 81년 원로원을 협박하여 종신 독재관에 취임해서 독재정치를 실시했으나 2년 뒤 자의로 정계에서 물러나 은둔생활을 하다가 사망했다.
(13) Marcus Marius 생몰연대 불명확, BC 85년에 법무관으로 일했고 화폐주조의 개혁을 발표했다. 대중들로부터 사랑받았으나 카틸리네에게 살해되었다.
(14) Gaius Coelius 생몰연대 불명확, 자신의 가문에서 최초로 집정관이 된 지방출신 인물이다.
(15) 집정관은 2인을 선출했다.
(16) 로마의 관직. 로마가 공화제로 바뀐 후인 BC 474년에 도입되었다. 오직 평민으로 구성된 민회에서만 선출했고 초기에는 2명이었으나 나중에 10명까지 늘어났다. 호민관은 민회를 소집하고 회의를 주재하면서 평민의 이익을 대변했다.
(17) 재산을 기준으로 해서 로마의 인민을 각기 100명 단위의 6개 계급으로 구분한 사회계급 단위이다. 백인대에 따라 세금과 사회의 제반활동에 차별이 있었으며, 전쟁이 일어나도 백인대의 계급에 따라 기병과 보병 등 사용 가능한 무기가 달랐다. 순수하게 재산을 기준으로 백인대가 구성되었기 때문에 평민들도 재산이 많아지면 귀족과 같은 1등급에 속할 수 있었고, 그것은 평민의 사회적 지위를 상승시키는 효과도 있었다.
(18) 자치도시는 자신들이 행정수반을 뽑을 권한이 있는 도시이고, 총독령은 로마가 행정수반을 비롯한 관료를 임명해서 파견하는 도시이다.
(19) Epicharmus BC 5세기경의 그리스 철학자이자 극작가. 코미디극으로 명성을 떨쳤다.
(20) 술라를 지지했던 뛰어난 웅변가이자 정치가. BC 75년에 집정관이 되었다.
(21) Gaius Manilius 생몰연대 불명확, BC 66년에 호민관으로 선출되었다. 폼페이우스를 추종했다. 폼페이우스의 정적으로부터 기소당했으나 키케로가 성공적으로 변호했다.
(22) Gaius Cornelius 생몰연대 불명확, BC 67년에 호민관으로 선출되었다. 원로원의 권력을 제한하는 법을 통과시켰으나, BC 65년에 기소되었다. 그때 키케로가 그를 성공적으로 변호했다.

옮긴이 해설

키케로 시대의 로마, 그리고 「키케로 노트」

 이 책은 집정관 선거에 출마한 마르쿠스 툴리우스 키케로를 위해 그 동생 퀸투스 툴리우스 키케로가 선거 전략을 정리해서 헌정한 것이다.

 BC 64년. 그해 임기 1년의 공화정 로마 최고 관직인 집정관을 선출하는 선거의 입후보자는 마르쿠스 툴리우스 키케로, 가이우스 안토니우스 히브리다, 루키우스 세르기우스 카틸리네, 푸블리우스 스프리키우스 가르바, 루키우스 카시우스 롱기누스 등 다섯 사람이었다. 그러나, 세력이나 지명도를 고려할 때 선거는 키케로와 안토니우스, 카틸리네, 이 세 사람의 각축전이었다. 로마의 집정관은 두 사람을 선출했기 때문에 그 세 사람 중 한 사람은 낙선의 고배를 마셔야 했다. 집정관 직을 수행할 능력이나 사회적 평판으로 볼 때 안토니우스나 카틸리네는 키케로의 상대가 되지 못했으나 키케로에게는 치명적인 약점이 있었다. 키케로는 귀족 출신이 아니었던 것이다.
 BC 367년에 호민관 가이우스 리키니우스와 루키우 섹스티우스에 의해 제정된 개혁입법인 리키니우스-섹스티우스법에 따라 집정관 직이 평민에게도 개방되었다. 그 후, 형식적으로는 귀족과 평민, 누구나 집정관 직에 도전할 수 있었지만 실제로 집정관 지위는 귀족에 의해 거의 독점되었다. 로마에서 귀족 출신이 아니면서 대중에게 이름이 알려진 인물은 '신진인사'(novus homo : new man)로 불렸는데, 공화정 시대의 집정관 600인 중 귀족 출신이 아니었던 '신진인사' 신분의 집정관은 15인에 불과했다.

거기에다가 안토니우스와 카틸리네는 동반 당선을 위해 제휴를 맺고 있었다. 안토니우스와 카틸리네는 굉장히 부패하고 악의에 찬 선거 운동을 했다고 전해지는데, 카틸리네의 극단성과 안토니우스의 우유부단함을 염려한 원로원의 보수파는 처음 예상과 달리 '신진인사' 키케로를 지지했다. 선거 결과, 키케로와 안토니우스가 집정관으로 당선되었다. 낙선한 카틸리네는 다음해의 집정관 선거에 다시 도전하지만 또 실패했다. 정상적인 선거를 통해서는 도저히 권력을 잡을 가능성이 없다고 생각한 카틸리네는 무력으로 반란을 일으켜 로마를 혼란에 빠뜨리는데, 당시 집정관이었던 키케로는 그 반란을 진압하고 카틸리네를 사형에 처했다. 그 일로 키케로는 '조국의 아버지'라는 명예로운 호칭을 얻었다. 그 호칭을 얻은 것은 로마에서 키케로가 처음이었다. 두 번째로 그 호칭을 얻은 사람은 고유명사 카이사르로 알려진 가이우스 율리우스 카이사르였다.

키케로는 로마에서 남쪽으로 100킬로미터 떨어진 내륙 도시 아르피눔의 기사계급 출신이었다. 원래 기사계급의 기원은 중

무장병으로 거슬러 올라간다. 그러나, 전투형태가 변화함에 따라 후대로 내려오면서 기사계급은 징세청부업자가 되거나, 대토지 소유자가 되기도 하고, 상업 활동 등에 종사하면서 재력을 키웠고 사회적으로는 귀족과 평민의 사이에 위치했다. 기사계급은 정치보다 경제에 관심을 두었지만 정치에 대한 일정한 영향력을 가졌다.

상당한 재력가였던 키케로의 부친은 키케로 형제의 교육을 위해 아르피눔에서 로마로 이사하고 로마의 유력자인 루키우스 리키니우스 크라수스(Lucius Licinius Crassus)에게 보내 교육을 받게 했다. 그 후 형제는 그리스의 아테네와 로도스 섬에서 4년간 수학하는 등, 당시 로마의 기준으로는 최고 수준의 교육을 받았다.

이 책의 저자인 퀸투스 툴리우스 키케로는 그리스어에 능통했고, 여러 편의 희곡과 시도 남기는 등 당대의 교양인이었다. 또한, 공화정 로마의 서열 2위 관직인 법무관에도 재임했고 아시아 속주의 총독도 역임했으며, 카이사르 휘하의 군단장으로 재직할 때는 군사적 공훈도 세운 유력인사였다. 그러나, 탁월한 업적으로 역사에 이름을 남긴 4년 위의 형 마르쿠스 툴리우스 키케로에 비견될 정도의 인물은 되지 못했다.

퀸투스는 다혈질적인 면이 있어 충동적이고, 때로 잔인한 면모도 보여 로마인들이 좋아하는 성품은 아니었다. 당시 로마인들은 너그럽고 관대한 성품을 지닌 지도자를 선호했다. 퀸투스에 대해서는 상반된 평가가 전해진다. 전직 집정관이며 시칠리아 총독을 지낸 티투스 폼포니우스 아티쿠스(Titus Pomponius Atticus)는 퀸투스를 가리켜 무슨 엉뚱한 생각을 할지 몰라 혼자 내버려둘 수 없는 인물이라고 평한 반면, 카이사르는 그를 용감하고 인상적인 군사지도자라고 칭찬했다. 당시에는 거의 모든 로마의 속주 총독들이 현지에서 부정과 부패로 막대한 부를 축적하는 것이 관례처럼 굳어져 있었는데, 퀸투스는 아시아 지역의 속주 총독으로 재임하면서 지나칠 만큼 깨끗하고 정직했다는 것이 기록으로 남아 있다.

고유명사 키케로로 알려진 마르쿠스 툴리우스 키케로는 로마의 공화정을 옹호한 정치가로, 로마 최고의 웅변가로, 시대를 뛰어넘는 글을 남긴 저술가로, 그리스와 로마의 여러 사상을 정리한 철학자로 역사에 이름을 올렸다. 어려서부터 탁월한 재능으로 세간의 이목을 끌었던 키케로는 오랜 수학을 마치고 20대 중반인 BC 81년 법정에 처음 등장해서 변호를 시작했다. BC 79년 독재자 술라의 참모 중 한 사람이 섹스투스 로스키우스 아메리누스라는 젊은이의 재산을 뺏으려는 목적으로 그에게 존속살인범이라는 누명을 씌워 고소한 사건이 있었다. 술라의 권력을 두려워해서 누구도 그 젊은이의 변호를 맡지 않으려 했는데, 키케로가 변호를 자임해 누명을 벗긴 것은 물론 고소한 사람의 의도까지 밝혀내며 명성을 얻기 시작했다. BC 75년 로마 관직의 첫 단계인 재무관으로 선출된 키케로는 차근차근

단계를 밟아 40세 때인 BC 66년 고위직인 법무관에 당선되고, BC 64년 42세의 나이로 마침내 공화정 최고 관직인 집정관에 올랐다. 로마에서 이른바 '신진인사'가 첫 번째 도전에서 집정관에 당선된다는 것은 거의 불가능에 가까운 일이었다. 키케로는 그 일을 해낸 사람이었다.

키케로가 정치가로서 명성을 알리던 시기는 가이우스 율리우스 카이사르가 비약적으로 세력을 키워가던 시기와 일치했다. 카이사르는 정치를 하던 기간 내내 키케로에게 특별한 적의를 품지 않았고 때때로 협조를 구했는데, 키케로가 온전히 카이사르의 편에 선 적은 한 번도 없었다. 카이사르는 원로원을 약화시켜 로마 공화정을 무너뜨리고 독재자로 군림할 여지가 다분한 인물로 보았기 때문이었다. BC 60년 카이사르는 집정관으로 당선되자 그나수스 폼페이우스 마그너스, 마르쿠스 루키니우스 크라수스와 정치적 동맹을 맺었다. 제1차 삼두정치로 알려진 이 동맹은 원로원을 약화시키고 세 사람이 로마의 실질적인 권력을 나누어 가지는 것을 목표로 했다. 키케로는 삼두정치 시기 이전부터 카이사르보다 폼페이우스에게 자주 기울었다. 그것은 폼페이우스가 카이사르보다 공화국 로마에 상대적으로 덜 위험한 인물로 보았기 때문이었다.

BC 53년, 삼두체제 중심인물 중 한 사람인 크라수스가 현재 터키 인근 지역의 파르티아 인과의 전쟁에서 전사했다. 크라수스의 죽음 이후 삼두정치가 해체되자 폼페이우스는 친 원로원파로 기울었다. 갈리아 전쟁을 승리로 이끌어 광대한 지역을 로마 영토로 편입시킨 카이사르는 로마 민중의 영웅이 되어 있었다. 원로원을 중심으로 하는 귀족 진영의 공화정파는 폼페이우스를 지지했고 민중의 지지를 받고 있던 카이사르는 절대 권력을 원했다. BC 50년 갈리아 총독으로 재임하고 있던 카이사르는 다음해에 있을 집정관 선거에 출마할 수 있게 해달라고 로마에 요구했는데, 민중의 인기를 등에 입은 카이사르가 공화정에 위협이 되는 독재자로 될 것을 두려워한 원로원은 그 요구를 거절했다. 뿐만 아니라 카이사르에게 그의 군단을 해산하고 로마로 귀환할 것을 의결했다. 이에 카이사르가 불복하자 원로원은 카이사르를 '공화국의 적'으로 규정했고, 카이사르는 군단을 이끌고 루비콘 강을 건넜다.

루비콘 강은 이탈이라 본국과 속주의 경계에 있는 강으로 로마 군대가 외국에서 전쟁을 수행하고 이 강을 건너 본국으로 들어올 때는 누구든 무장을 해제해야 했다. 카이사르가 무장한 군단을 이끌고 루비콘 강을 건넜다는 것은 무력으로 로마의 권력을 접수하겠다는 것을 의미했다. 이제 로마는 카이사르와 폼페이우스의 내전에 휩싸이게 될 것이었다. 이때 카이사르는 그 유명한 "주사위는 던져졌다"라는 말을 남겼다.

카이사르와 폼페이우스와의 내전에서 키케로는 폼페이우스 쪽에 가담했다. BC 48년, 내전에서 패하여 이집트로 피신한 폼페이우스가 사망하고 카이사르는 로마의 실질적인 지배자가 되었다. 권력을 거머쥔 카이사르는 관용정책을 시행했다. 자신의 반대편에 서서 폼페이우스를 지지했던 인사들을 용서하고 그들의 재산도 보전해주었던 것이다. 키케로는 물론 형과 함께 카이사르에 대적했던 퀸투스도 사면해주었다. 나중에 자신을 암살하게 되는 마르쿠스 부르투스도 폼페이우스 편에 있었지만, 카이사르는 그를 용서해주었을 뿐만 아니라 정치적으로 성장하는데 가장 큰 도움을 주었다. 그때가 BC 47년이었다. 이후 키케로는 한동안 저작 등 집필활동에 몰두했다.

BC 44년, 로마의 절대 권력자 카이사르가 암살당했을 때 키케로는 그 암살모의에 직접 가담하지는 않았지만, 암살자들을 지지했다. 명목상으로만 유지되던 로마의 공화정을 복원시킬 수 있다고 믿었기 때문이었다. 마르쿠스 브루투스로 대표되는 카이사르 암살자들은 암살에만 성공하면 카이사르에 의해 훼손된 공화정을 복원시키고 권력을 잡을 수 있다고 생각했으나, 민심의 지지를 얻는데 실패했다. 로마 민중에게 카이사르는 쉽게 잊을 수 없는 영웅이었고, 카이사르가 권력 내에 심어놓은 지지 세력은 생각보다 견고했다. 암살 당시 로마의 집정관이었던 마르쿠스 안토니우스는 암살자들과의 대결을 선언했고 암살자들을 두둔하는 키케로에게도 맹렬한 비난을 퍼부었다. 키케로와 안토니우스는 원로원에서 각자의 입장을 주장하는 연설을 하며 서로에게 돌이킬 수 없는 적대감을 키웠다.

카이사르 암살자들은 로마에서 권력을 쟁취하는데 실패하고 국외로 피신해 기회를 엿보아야 했다. 안토니우스는 잠시 권력의 정점에 서는 듯 했다. 그러나, 카이사르의 유언장이 공개되면서 카이사르가 후계자로 지목한 가이우스 옥타비아누스가 19세의 젊은 나이에 새롭게 권력의 중심부로 뛰어들었다. 카이사르의 외손자인 옥타비아누스는 스스로의 이름을 카이사르라 부르는 등 야망을 숨기지 않았지만, 무명이었던 그는 안토니우스의 상대가 되지 못했다. 안토니우스는 카이사르의 유언에 따라 옥타비아누스에게 넘겨주어야 하는 카이사르의 재산도 움켜쥐고 있었다. 로마에서 정치적으로 성장하는데 재산은 필수적인 요소였는데, 안토니우스는 그 점을 이용해서 잠재적인 경쟁자 옥타비아누스의 재정을 틀어막은 것이었다. 그러나, 옥타비아누스에게 재계의 유력인사를 비롯한 조력자들이 속속 등장했다. 카이사르가 지목한 후계자라는 위상은, 로마 민중은 물론 군인들도 옥타비아누스에게 가담하게 만드는 힘을 가지고 있었다.

키케로도 옥타비아누스의 손을 잡았다. 키케로는 옥타비아누스에게 힘을 실어주어 독재 권력을 추구하는 안토니우스를 견제하려고 했다. 그 후 옥타비아누스를 내세워 흔들리는 공화정을 자신이 다시 확립할 수 있을 것으로 기대했다. 하지만 키케로의 생각과 달리 옥타비아누스는 약관의 나이에도 불구하고 결코 만만한 인물이 아니었다. 곧 옥타비아누스는 안토니우스와 대등한 세력으로 성장했다. 그러나, 해외에서 로마에의 복귀를 꿈꾸면서 군사력을 보유하고 있는 부르투스의 위협으로 인해 안토니우스와 옥타비아누스는 화해하고 손을 잡을 수 밖에 없었다. 두 사람은, 카이사르의 부관 출신이고 당시 혼란한 로마의 또 다른 유력자였던 마르쿠스 에밀리우스 레피두스와 함께 권력을 나누기로 합의했다. BC 43년, 향후 5년간 세 사람이 새로운 공화정을 건설하기로 정식으로 조약을 맺은 것이다. 제2차 삼두정치였다. 제1차 삼두정치는 은밀한 사적 밀담으로 이루어졌는데, 제2차 삼두정치는 공적인 조약에 의한 것이었다.

세 사람이 가장 먼저 착수한 일은 자신들의 권력추구에 장애가 되는 인사들을 추방하는 것이었다. 그 중에는 추방에 그치지 않고 제거해야 하는, 이른바 살생부에 이름을 올려야 하는 사람들도 있었다. 살생부를 작성하면서 먼저 거론된 인사는 공화정의 이상을 가슴에 품고 있는 키케로였다. 옥타비아누스는 키케로를 죽일 의도가 전혀 없었다. 그러나, 정치적 입장의 대립과 함께 개인적인 증오심이라는 사적인 적대감에도 충만해 있던 안토니우스는 달랐다. 키케로의 제거를 집요하게 주장했다. 옥타비아누스가 키케로의 제거를 끝끝내 반대하자 안토니우스는 자신의 큰아버지를 살생부 명단에 올리는 조건으로 키케로의 죽음을 요구했다. 안토니우스의 협력이 절실했던 옥타비아누스는 결국 키케로의 제거에 동의했다.

그 명단에는 키케로의 동생 퀸투스의 이름도 있었다. 원로원 의원들을 중심으로 한 인사들의 추방령이 포고되었다는 말을 듣고 키케로 형제는 로마를 빠져나가 부르투스가 있는 그리스로 피신하려고 했다. 평생을 우애로 지낸 두 형제는 도피 중에

죽음과 맞닥뜨렸다. 동생 퀸투스 툴리우스 키케로가 먼저 잡혀 살해당하고, 형 마루쿠스 툴리우스 키케로는 그 며칠 뒤에 피신하던 길 위에서 죽음을 맞았다. 퀸투스는 60세, 키케로는 64세였다. 역사가 플루타르코스는 두 형제의 생애에 대해서 '형제는 우애가 깊었다. 형은 지도했고, 동생은 잘 따랐다'라고 썼다.

BC 30년, 옥타비아누스는 이집트의 클레오파트라에게 빠져 있던 안토니우스와의 전쟁에서 승리하고 스스로 아우구스투스 황제가 되어 키케로가 그토록 지키려고 노력했던 공화정 로마의 막을 내리고 제정로마시대를 열었다. 그러나, 자신이 어려웠던 시절 힘이 되어주었던 키케로를 죽음으로 내몰았다는데 대한 미안함 때문이었던지 키케로의 아들을 황제 다음의 권력자인 집정관으로 임명했다. 플루타르코스가 쓴 대비열전-플루타르코스 영웅전으로 더 알려져 있다-의 키케로 편 마지막에는 플루타르코스가 직접 들었다는 이야기가 기록되어 있다.

「키케로가 죽고 오랜 세월이 흐른 뒤, 아우구스투스 황제가 외손자를 보러 갔을 때 마침 그 손자는 키케로의 책을 읽고 있다가 황제가 다가오자 무서워서 그 책을 얼른 옷 속에다 감추려고 했다. 그 행동을 본 황제는 손자의 책을 뺏어 한참 읽어보다가 그 책을 다시 돌려주면서 이렇게 말했다.
"이 분은 학자였으며, 아주 훌륭한 애국자였다."」

앞에서 잠시 언급했다. 이 책은 키케로가 집정관 선거에 도전했던 BC 64년, 키케로의 동생 퀸투스가 형의 당선을 위해 선거 전략을 정리한 것이다. 키케로는 로마 제1의 관직인 집정관 선거에 출마했지만 귀족계급이 아니라는 태생적인 콤플렉스로 인해 대중의 마음을 얻는 일에 대해 다른 후보자보다 더 노력을 쏟아야 했다. 애초부터 귀족계급처럼 강력한 지원 세력이 없었기 때문에 경쟁자를 물리치는 방법에 대해서도 본능적으로 더 예민해야 했다. 그런 이유로, 퀸투스가 책에 압축해서 기술한 전략은 지극히 현실적이고 실용적이다. 얇고 작지만, 이 책은 선거운동의 완벽한 교본이자, 인간의 본성을 통찰하는 심리서이며, 세력을 모으고 경쟁자를 물리치는 전략서다. 반드시 선거에 출마한 사람이 아니더라도 사람의 마음을 얻고자 한다거나, 세력을 규합한다거나, 경쟁자와의 냉혹한 승부에서 이기기를 원하는 사람에게 귀중한 조언이 될 것이다.

언뜻 마키아벨리의 숨결이 느껴지기도 하는 「키케로 노트」는 최근 미국에서 재출간되어 여러 매체와 평론가들로부터 시대를 뛰어넘는 가치가 있다는 격찬을 받았다. 실제로 지난 2012년 미국 대선 시기에 오마바 진영에서는 이 책 수백 권을 구입해서 선거참모들이 정독했다는 보도도 있었다.

한편으로, 이 책은 '진정한 민주주의란 무엇인가'라는 질문을 우리 스스로에게 다시 던지게 한다. 가능하면 많은 사람들에게 호감을 사고 경쟁자의 약점을 사람들 앞에서 강조하는, 정치공학적 차원의 행위만으로도 사회구성원의 삶을 책임지는 사람으로 뽑힐 수 있다면, 민주주의가 인간의 삶에서 갖는 의미는 어떤 것인가. 다수의 선택이 최선의 방법, 정당한 방법이 정말로 될 수 있는 것인가. 만약 그 방법이 틀렸다면 확실하게 더 나은 방법이 존재하기는 할 것인가. 머릿속에서 호명하듯 차례로 그 질문들을 떠올린다면 「키케로 노트」는 우리들로 하여금 리더를 선택하는 자세에 대해 새삼스런 숙고를 요구하는, 눈에 보이는 것 이상의 가치를 주는 책이 될 수도 있다.

시간의 흐름에 따라 인류의 문명은 과거의 인간이 상상할 수 없는 정도의 발전을 지속해왔다. 그럼에도 지금, 여기, 2천 년 전에 쓰인 고전이 여전히 유효하다. 그 적실성의 원인은 무엇인가. 그토록 오랜 세월 동안 인간성의 발전은 단 한 걸음도 없었기 때문이다.

2014년 정초
나무와 이웃한 집에서　황 현 덕

키케로 노트

펴낸날 2014년 1월 20일 1판 1쇄 인쇄
       2014년 1월 27일 1판 1쇄 발행

지은이 퀸투스 툴리우스 키케로
옮긴이 황현덕
펴낸이 김기옥
펴낸곳 수린재

출판등록 제313-2004-00028호
주 소 서울시 마포구 서교동 352-5
전 화 02-323-2191
팩 스 02-323-2276
이메일 sulinjae@daum.net

ⓒ 2014. 수린재
ISBN 978-89-94185-05-7 03340

＊책값은 뒤표지에 있습니다.
＊잘못 제본된 책은 바꾸어드립니다.